Gino , aus dem Leben
eines Meerschweinchens

Daniela Krethke
Gino Krethke

Gino , aus dem Leben
eines Meerschweinchens

Bibliografische Information der Deutschen Nationalbibliothek:
Die Deutsche Nationalbibliothek verzeichnet diese Publikation in der Deutschen
Nationalbibliografie; detaillierte bibliografische Daten sind im Internet
über http://dnb.d-nb.de abrufbar

Herstellung und Verlag: BoD - Books on Demand GmbH, Norderstedt

ISBN: 9783732244171

Inhalt

Montag, 31.10.2011

Hallo,

da bin ich nun gelandet.

Es riecht alles anders und die anderen Meerschweinchen um mich herum …

Heute Morgen wurde ich aus dem Schlaf gerissen. Ich bin bzw. war im Münsterland zuhause. Dort wo ich wohnte waren noch andere Meerschweinchen.

Wieder zum morgen.

Ich wurde geweckt und nachdem ich gefrühstückt hatte, fuhr mich mein Herrchen & dessen Sohn in eine Transport in einer anderen Stadt, die Bochum hieß/ heißt. Als wir dort ankamen, wurde ich abgestellt und bekam noch einen Apfel und weg war Herrchen.

Kurze Zeit später hat es dort wo ich stand geklingelt und eine Frau mit einer Box kam. Danach wurde bei mir aufgemacht und ich wurde in die Box von ihr gesetzt. Diese roch gut und dort war Heu drin, was ich erst einmal aß. Die Frau hat mich in ein Auto gesetzt und angeschnallt. Sie fuhr dann eine Weile, bis wir hier ankamen.

Hier hat sie bzw. mein neues Frauchen aus der Box genommen und mich in einem Käfig gesetzt. Dort ist eine Rampe, die nach oben ging und der Käfig war eckig, wie ein L (glaube ich). Hier sind noch andere Artgenossen, alles Damen :-) .

Da ist eine schwarze –LUNA, eine braun- weiße mit langen Haa – HONEY, eine braune – JEANY, eine hellschwarze mit etwas weiß – LINA (Nah ob ich die nicht mal verwechsle, bei der fas Namengleichheit?) und eine andere, die oben ist. Ich war nicht da, traue mich nicht. Bisher war sie noch nicht unten, ich habe sie nur gehört.

Mein neues Frauchen war dann weg, Honey sagte mir, dass sie arbeiten gehe (was auch immer das ist). Nachmittags kam noch ein Mann, der mich anschaute. Das ist wohl mein neues Herrchen. Er fragte Frauchen wie ich den hieße und sie sagte dass ich eigentlich Anu Ra hieße, aber sie mir noch umtaufen wollte d.H. einen anderen Namen geben. Mal schauen, wie ich dann heiße.

Ich habe mich bisher eher in die Ecke gelegt, weil ich nicht weiß was auf mich noch zukommt. Nach oben gehe ich erst einmal noch nicht. Ich weiß ja nicht, was mich da erwartet (bis auf eine Artgenossin). Wer weiß wo ich hier gelandet bin.

Das war es.

Quick, quick

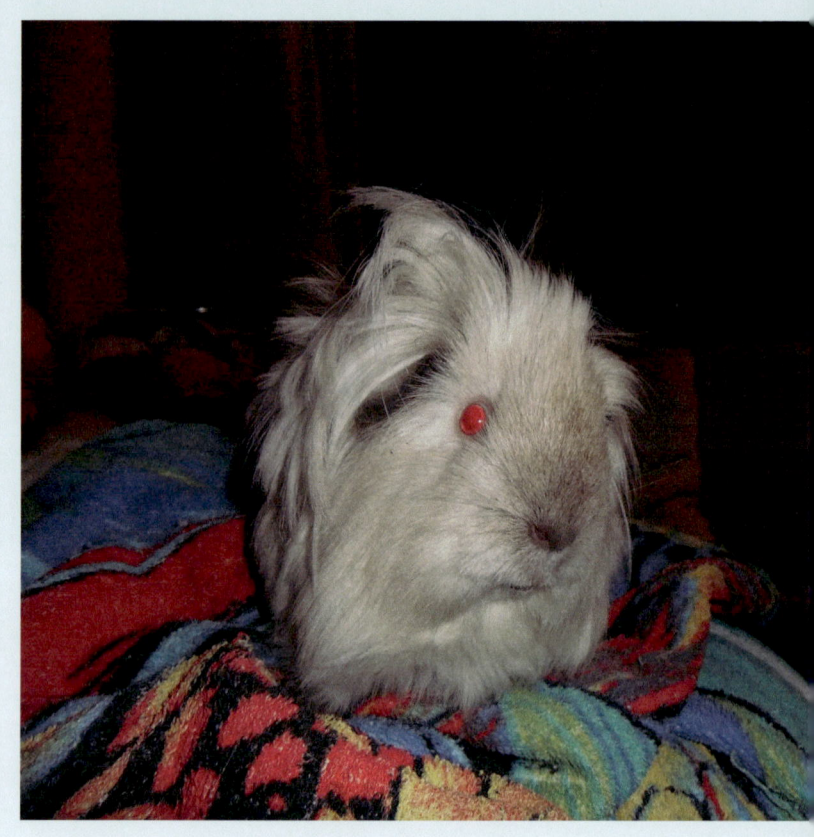

Das bin ich

Das ist Jeany

Mittwoch, 02.11.2011

Ich bin richtig stolz auf mich.
Heute Morgen hat Frauchen uns etwas zu essen gegeben. Es gab zum Frühstück Gurke. Sie gibt uns diese immer durch das Gitter und jeder bekommt die Gurke (oder anderes Frühstück) so zum Mund. Sie hat das auch bei mir gemacht, aber ich habe mich nie getraut hinzugehen, obwohl sie dies immer vorsichtig und langsam machte. Aber heute habe ich mich getraut.
Frauchen hat am Käfig gestanden. Ich bin ganz vorsichtig und langsam zum Gitter hin. Frauchen hat geduldig da gestanden und hat mir Mut zugesprochen. Ich habe mir dann die Gurke ganz schnell die Gurke genommen.
Frauchen hat sich total gefreut.
Das war gar nicht schlimm. Ich bin total stolz auf mich.

Quick, quick

Donnerstag, 03.11.2011

Da bin ich wieder.
Ich werde immer mutiger. Heute habe ich mich mal nach oben getraut.
Unten war es ja sehr schön, aber hier oben ist es noch besser. Es ist alles auf Augenhöhe und ich kann die „Großen" direkt sehen. Nun brauche ich keine Angst haben, dass die beiden so groß sind. Das ist super. Oben ist auch ein Napf und es sieht genauso aus wie unten, nur dass ein Loch nach unten geht. Hier ist noch eine Dame – MELODY, sie ist weiß mit schwarz & etwas braun am Gesicht. Melody ist schon älter und daher kommt sie eher selten nach unten. Daher sah ich sie auch nie. Durch die Rampe kann ich jederzeit nach oben oder nach unten. Das ist supi.
Mal schauen, ob ich gleich noch nach unten gehe oder erst einmal hier bleibe. Ich bin total begeistert.
Frauchen hat mir nun auch einen Namen gegeben. Sie hat in einem Ordner (?) nachgeschaut und nach langen Suchen den Namen ausgesucht. Ich heiße nun Gino, klingt ein bisschen wie in Italien (ich glaube das heißt dann italienisch). Egal. Ich bin nun nicht mehr ohne Namen   .

   Quick, quick

Samstag, 05.11.2011

Hallo

Heute ist etwas Komisches passiert. Ich habe doch von der schwarzen Dame –LUNA erzählt. Sie hat leider so eine Hautkrankheit (keine Ahnung wie die heißt). Dadurch fallen Ihr die Haare aus. Frauchen hat sie wohl auch deswegen öfters gebadet (hat Frauchen mir mal erzählt).
Heute Morgen wurde ich von einem Art Schrei geweckt. Luna ist gestern nur noch ab und zu beim fressen gewesen und hat über ein paar Schmerzen geklagt (hätte ich doch da etwas gemacht oder so).
Jedenfalls hat Luna heute Morgen im Käfig gelegen und Frauchen hat sie rausgeholt. Luna hat den „Kampf" gegen die Hautkrankheit verloren.
Sie ist nun im Regenbogenland, sagt Frauchen. Dort wo alle wieder lebendig sind, gesund und munter.
Ich vermisse sie so. Frauchen vermisst sie auch, sie ist total traurig.

Quick, quick

Dienstag, 08.11.2011

Es ist schon wieder einer weg.

Honey war auf einmal weg und wir waren zu fünft.
Honey ging es nicht so gut. Sie hat auch die Hautkrankheit
(langsam geht mir die auf die Nerven) und war schon recht
dünn (ich dachte sie macht eine Diät).
Frauchen konnte sich das auch nicht mit ansehen. Sie nahm
Honey mit in die Box und ging mit Ihr (+ Herrchen) weg.
Honey kam nicht mehr zurück. Frauchen war traurig. Sie
sagte, dass es ihr Leid tue und für Honey wäre es das Beste
gewesen sie zu erlösen. Was heißt das?
Lina hat mir dann erklärt, dass Honey wohl zum Tierarzt
war & dort eine Spritze bekam, die sie einschlafen ließe für
immer. Das heißt, Honey ist nun auch auf der
Regenbogenbrücke, wo auch Luna ist.
Ich bin traurig, beide Damen (Luna und nun auch Honey)
sind nun nicht mehr da. Warum passiert das?
Frauchen bin ich nicht böse, sie hat nur helfen wollen, aber
es tut mir verdammt weh.
Ende nun.

Quick, quick

Montag, 14.11.2011

Man, sind die süß.
Wir haben Zuwachs bekommen, obwohl mir Honey und
Luna fehlen. Frauchen hat heute Morgen eine von den
Boxen geholt und gesagt, dass es vorbei ist mit drei Mädels
an meiner Seite. Ich war darüber verwundert. Nun weiß ich,
was sie damit meinte.
Nachmittags kam sie nämlich mit der Box wieder zurück.
Darin waren zwei Damen. Eine hat die Farben schwarz-
weiß-braun, teilweise wellig und ist etwas über 2 Jahre alt
(hat Frauchen gesagt); ist schon eine hübsche. Die andere
hat eine helle Farbe, ich glaube Frauchen sagt dazu rot,
obwohl es eher wie gelb- hellbraun aussieht. Egal. Jedenfalls
ist diese ganz lockig und wohl ähnlich alt, wie die andere.
Die wellige ist sofort nach oben gegangen und die andere
blieb unten. Ich glaube sie haben sich nicht gut verstanden.
Unten war nur noch die Jeany. Die Neue und sie verstanden
sich sofort gut miteinander, was ich von oben gut sehen
konnte. Die wellige ist gerade mehr in der Ecke; sie ist noch
schüchtern.
Mal schauen, wann sie nicht mehr so schüchtern ist.
Vielleicht kann man mit ihr gut quatschen. Mal sehen.

Quick, quick

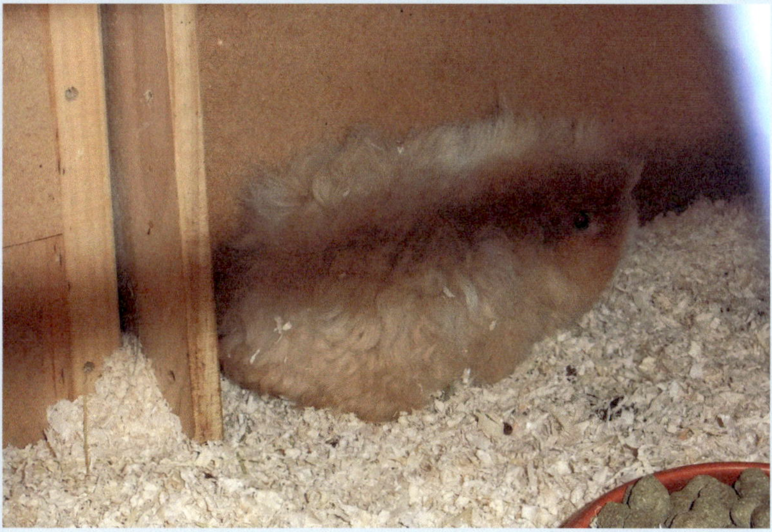

Sunny

Elfe

Mittwoch, 16.11.2011

Heute war ein ganz anderes Bild. Die Neuen haben
mittlerweile Namen. Elfe ist die schwarz-weiß-braune und
Sunny heißt die Wellige, die eine helle Farbe hat.
Sunny war mit Jeany unten. Oben war ich mit Elfe, Lina
und Melody. Hier hat man den besten Blick.
Sunny wollte auch mal von oben nach unten gucken, öfters
mal was Neues.
Das war es schon.

　　　Quick, quick

Freitag, 18.11.2011

Heute was hier was los.

Frauchen und Herrchen hatten beide schon früh Feierabend.

Morgens war alle ruhig.
Sunny, die wellige, war heute Mittag alleine oben. Ihr war
das nicht so geheuer, ich glaube sie ahnte was passierte.
Ich war mit den anderen; Elfe, Melody, Lina & Jeany unten.
Irgendwann fingen wir an uns zu fangen. Wir hatten
Langeweile.
Wie ein Umzug haben wir fangen gespielt. Manchmal waren
wir auch ganz schnell.
Frauchen sagte immer nur, dass es nun aber gut sei. Wir
hörten aber nicht auf.   Das machten wir erst, als wir es
wollten.
Nun bin ich k.o.
Das war es.

Quick, quick

Sonntag, 20.11.2011

Huhu
Frauchen und Herrchen haben heute frei. Das heißt, glaube
ich Wochenende.
Die beiden schlafen dann auch meist länger. Heute hörte ich
die beiden, sich hin & her bewegen. Irgendwann kam
Frauchen aus dem Zimmer nebenan; Schlafzimmer. Sie kam
zum Käfig und holte Sunny, eine von den neuen raus.
Frauchen setzte sie auf ein Handtuch und nahm Sunny auf
die Schulter. Weg war sie dann, nach nebenan (das kam mir
irgendwie bekannt vor, nur nicht in Richtung Schlafzimmer,
sondern zur Tür raus.); keine Ahnung, was sie da gemacht
hat.
Später kam sie zurück und erzählte uns, dass sie bei den
beiden im Bett lag und teilweise unter der Decke war. Sie
fand es sehr gemütlich da und sie lief teilweise unter der
Decke hin & her.
Nachmittags wurden wir nacheinander raus genommen und
in eine Kiste, eine Transportbox getan. Dort hat Frauchen so
komische Dinger über die Hände gehabt und uns mit einem
Zeug eingerieben. Das stank fürchterlich. Herrchen hatte
das Fenster aufgemacht, damit es nicht noch dollier wurde.
Ich glaube das Zeug ist, weil Luna diese Hautkrankheit hat
und daher nun auf der Regenbogenbrücke ist.
Danach kam so ein Gerät, wo Luft rauskam dran. Das
machte die Haare wieder trocken. Ich fand das so schöööön
und habe immer den Kopf nach oben gemacht. Frauchen
fand das niedlich.

Als wir wieder trocken waren, wurden wir wieder in unser Zuhause gesetzt.
Elfe und Sunny, die beiden Neuen fanden das Baden nicht so toll. Sie haben immerzu gequickt und Hilfe geschrieben. Naja, was sein muss, muss sein.

Quick, quick

Samstag, 26.11.2011

Da bin ich wieder.

Warum ist das am Fenster?

Meine Gurkengeber kamen heute Mittag mit zwei Kisten in Wohnung (ich glaube aus dem Keller). Darin waren so Ketten, die in Steckdosen rein getan wurden und manchmal hat es auch geklimpert.
Herrchen hat bei uns im Zimmer so eine Kette ans Fenster festgemacht und er ging mit einem Mond ins Schlafzimmer. Was hat er damit gemacht?
Frauchen machte am anderen Fenster so Bilder von Bären und so dran. Wozu das?
Später haben die beiden uns nacheinander geschnappt. Wir wurden wieder mit dem stinkigen Zeug gebadet. Diesmal war nicht dieses Pusteding da. Schade. :-(
Wir wurden diesmal in einem anderen Käfig getan, dieser war eckig. Dort war auch Heu drin. Frauchen gab uns noch etwas Gemüse in diesem Käfig. Mmh, lecker. Herrchen hat in der Zeit unseren Käfig sauber gemacht.
Im eckigen Käfig was es schön.
Frauchen hat auch Fotos gemacht; ich habe mir das ausgedruckte Foto gemopst :-) (sie hat es gesucht, aber nicht bei mir gesucht, he, he, he).
Nun sind wir wieder im Käfig. Es riecht alles wieder super und frisch. Ich bin nun aber müde und schlafe gleich.

Nacht, quick

Jeany

Melody   ich   Sunny   Lina

Elfe

Samstag, 03.12.2011

Heute war es ein ruhiger Tag.

Frauchen Fand uns heute nur besonders lustig. Eine
Geschichte ist von Elfe.
Sie war oben gewesen. Elfe wollte ein bisschen ausruhen
und ihr Lieblingsplatz ist an der Raufe. Also wir haben so
eine Holzraufe, wo immer eine Portion Heu drin ist am
Morgen. Jedenfalls wollte Elfe diesmal nicht an der Raufe
liegen, sondern hat ihren Kopf unter dien Raufe gelegt und
etwas geschlafen.
Frauchen fand das wohl witzig bzw. niedlich, da sie ganz
vorsichtig zum Käfig kam. Sie machte ein Foto, als Elfe den
Kopf hob. Elfe machte dies nur, weil sie dachte es gäbe
etwas zu essen. Sie wusste gar nicht was los war.
Irgendwann hatte sie keine Lust mehr nach Futter Ausschau
zu halten. Irgendwann hörte dann auch Frauchen auf zu
glotzen. Solche und ähnliche Sachen machen die beiden den
ganzen Tag.
Denen war/ ist wohl langweilig.

Quick, quick

Dienstag, 06.12.2011

Frauchen musste heute wieder nicht so lange arbeiten.
Sie kam heute ganz aufgedreht mit einem Brief in der Hand
zum Käfig, den sie schnell aufmachte und etwas
zusammenklebte. Danach wedelte sie damit vor dem Käfig
herum und sagte, dass ich nun da auch angemeldet bin.
Häh, das meinte sie damit, habe ich da nur gedacht.
Jeany sagte mir, dass dies ein Ausweis von Tasso e.V. (ein
Tierschutz) sei. Frauchen macht dies bei jedem
Meerschweini. Ist ja lustig. Ich wusste gar. nicht, dass wir
Meerschweinchen auch ein Ausweis brauchen.
Wenig später raschelte es. Frauchen hatte noch eine Tüte
dabei und zum Vorschein kam ein Karton. Sie machte so
einzelne Türchen auf; wir schauten alle, da keiner wusste
was dies war. Frauchen holte daraus so Päckchen, wo
Trockenfutter drin war. Sie sagte, dass nun jeden Tag so ein
Türchen aufgemacht wird (bis zum 24.) und wir dies zum
anderen Futter dazu bekommen. Außerdem sagte sie, dass
sie auch so einen ähnlichen hat. Ich habe das schon gesehen.
Frauchen holt dort Sterne und Herrchen hat so Tüten, wo
Schokolade drin ist. Was ist das?
Später kam der dicke Mann, das ist der Papa von Herrchen.

Er schaute bei uns rein und begrüßte uns. Er hatte so Tüten dabei, die er Herrchen und Frauchen jedem einem gab. Darin war so ein Kerl aus Schokolade mit Sack. Die beiden freuten sich darüber. Der dicke Mann sagte dazu noch, dass der Nikolaus da war. Wer ist dieser Nikolaus?
Heute ist aber auch alles komisch.

Quick, quick

P.S.: Der Karton mit Türchen ist ein Adventskalender. Dieser ist zum Bestimmen bis Weihnaschten. Was ist Weihnachten?
P.P.S: Der Nikolaus hat was mit einer Geschichte zu tun; ist aber jetzt zu lange zum Schreiben. Dies ist immer am 06.12. .

Dienstag, 13.12.2011

Hallo

Heute war ein doofer Tag.
Jeany hat auch diese doofe Hautkrankheit. Sie musste oft
zum Tierarzt.
Heute Morgen klagte sie über nicht wohl sein und war auch
nicht hungrig. Ich bin dann aber wieder eingeschlafen.
Etwas später ist Herrchen aufgestanden, da er ja arbeitet. Er
machte alles wie gehabt und als er zu uns sah, hörte ich nur
wie er „Scheiße" rief (sorry den Ausdruck). Herrchen
machte unten auf und holte Jeany raus. Sie bewegte sich
nicht mehr. Jeany und er gingen in die Küche und er kam
alleine zurück. Nachdem er uns Heu gab, schrieb er einen
Zettel.
So ca. zwei Stunden stäter, stand Frauchen auf und sah den
Zettel. Sie fing an zu weinen und sagte zu uns nur, dass es
ihr Leid tue. Jetzt wusste ich was los war. Jeany ist
gestorben, sie ist zur Regenbogenbrücke wie Hones und die
anderen. Mir war ganz anders.
Frauchen ging dann auch zur Arbeit, wir waren alleine.
Sie musste wohl nicht lange arbeiten, denn sie kam recht
bald zurück. Frauchen sah sehr entschlossen aus, denn sie
kam zum Käfig und machte ihn auf. Allerdings nicht um uns
Futter zu geben, sondern sie machte so ein Brett auf die
Rampe. Sie hat den Aufgang zu gemacht. Wir kommen
nicht mehr runter. Luna ist unten alleine, so ein Mist.

Frauchen sagte zu uns, dass es sein muss. Sie will nicht noch mehr Schweinis verlieren bzw. Meerlis die durch die Hautkrankheit geschwächt werden. Naja, wenn es sein muß. Mir fehlt Jeany und Honey.
Das war es.

Quick, quick

Samstag, 24.12.2011

Frohe Weihnachten

Was heißt das? Frauchen sagte das zu uns.
Sie hat heute das letzte Törchen aufgemacht, nun ist der
Kalender leer. Schade.
Heute Morgen wurde so ein Baum aufgestellt. Wir haben
neugierig geschaut. Der Baum wurde mich Krach irgendwo
hineingetan (Aua meine Ohren). Danach wurden Lichter
dran gemacht. Dazu wurden so Bären, Glocken und Sterne
dran gemacht. Sehr merkwürdig. Etwas später kam darunter
so buntes Papier in verschiedenen Größen.
Der Tag ging dann normal weiter. Irgendwann haben die
beiden Kuchen gegessen. Das machen die sonst nie.
Als es leicht dunkel wurde, gingen die Lichter am Fenster
und am Baum an. Neben dem Baum lag mittlerweile so ein
Haus mit Figuren drin.
Die beiden haben dann das Papier ausgepackt und dabei
kamen verschiedene Sachen zum Vorschein, worüber sich
der-/diejenige freute.
Ganze Zeit später kam Frauchen zum Käfig und holte mich
raus. Sie setzte mich auf ein Handtuch und holte die Bürste
& Schere. Frauchen macht mir immer eine Frisur und
schneidet etwas die Haare. Sie fand es lustig, weil ich dann
wohl wie ein Rocker aussah -Rocker Gino lässt grüßen
oder auch wie Charmin- Meerschweinchen.

Etwas später stand ich mit Frauchen neben diesen Baum (ich weiß mittlerweile, dass die ein Weihnachtsbaum ist), da Herrchen ein Foto machen wollte. Ich habe von dem Baum rieche können; roch gut.

Danach ging Frauchen in die Hocke und wieder wurde ein Foto gemacht, während ich neben dem Haus (das ist eine Krippe, wozu die gut ist) auf Frauchen Arm war. Das sah interessant aus, mit so Figuren, die teilweise kleiner als ich waren. Herrchen meinte dann mich doch auf dem Boden an der Krippe zu setzen – keine gute Idee. Ich hatte mich so erschrocken und bin gleich abgerutscht bei dem glatten Boden, dass ich einen Satz nach vorne machte und genau in dieser Krippe rein. Das Problem war, dass diese Figuren fest standen. Ich kam nicht mehr raus und darin war die Lampe an, das war warm. Ich bekam Panik und war am Quicken bzw. schrie um Hilfe. Frauchen hatte wohl auch Angst und versuchte mich daraus zu bekommen. Da dies erst nicht klappte, hat sie die Figuren einfach abgerissen, damit raus kam. Endlich war ich dann befreit, Gott sei Dank.

Frauchen nahm mich dann auf dem Arm und versuchte mich zu beruhigen, sie war genauso erschrocken wie ich und meinte zu Herrchen, dass dies eine Sch….idee (ich möchte das Wort hier nicht erwähnen) war. Herrchen ist richtig blass geworden vor Schreck. Als ich mich etwas beruhigt hatte, setzte sie mich in den Käfig. Dort bin ich dann etwas runter gekommen und atmete erst einmal erleichtert auf. Puh, war das aufregend.
Ich ende hier.

Quick, quick

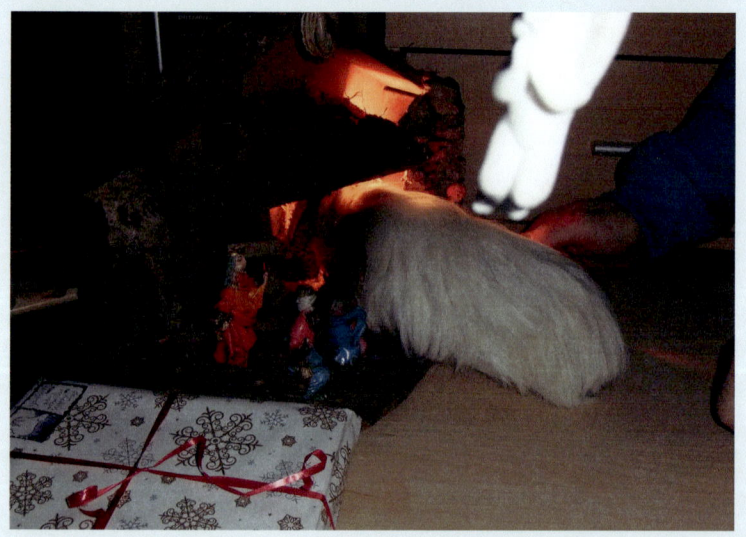

Falscher Weg

Sonntag, 25.12.2011

Puh, mir ist immer noch etwas ängstlich. Aber Frauchen ließ mich danach in Ruhe. Ein Glück, sonst hätte ich sie gebissen.

Elfe war heute etwas verwundert, Draußen war es noch dunkel und irgendwann wurde es hell, überall. Elfe war verwirrt. Ich sah dass es die Lichter vom Fenster (und nun auch von dem Baum) waren. Diese gehen jeden Morgen und Abend an.

Elfe glaubte mir aber nicht und fing an zu quicken, sie hatte mal wieder Hunger (wo lässt sie das Futter nur?   ). Sie schrie wie am Spieß. Wir hörten Frauchen immer wieder, das Elfe endlich ruhig sein sollte, ohne Erfolg. Irgendwann kam Frauchen raus; Elfe machte sich schon Hoffnung und stand fast sabbernd am Käfig. Allerdings sah Frauchen sehr genervt aus und sie nahm eine Decke, die sie einfach über den Käfig leckte. Ich sah dann nur noch wie Frauchen zurück ins Bett ging. Elfe gab aber Ruhe und ich konnte noch weiter etwas dösen. Es gab dann später ganz normal Frühstück.

Am Nachmittag sind die beiden weggegangen mit einer Tüte. Was da wohl drinnen war?

Gegen Abend oder so (die Lichter waren wieder an), kamen die beiden wieder. Sie hatten wieder Sachen in der Hand, wie Schokolade und einem Kalender.

Warum ?

Hat das etwas mit Weihnachten zu tun? Ich habe keine Ahnung.
Das ist alles merkwürdig im Moment.
Hier ende ich mal, bin müde.

> Quick, quick

Montag, 26.12.2011

Da bin ich wieder.

Heute war so einiges los. Es ist immer noch Weihnachten,
der 2. Tag.
Morgens war Elfe am quicken, sie hatte wieder Hunger und
die beiden waren wach.
Frauchen kam auch raus, aber sie schnappte sich ein
Handtuch. Ich verzog mich schnell, doch zu spät. Sie machte
den Käfig auf und schwupp hatte sie mich. Ich wusste nicht
was ich machen sollte, ich hatte ein bisschen Angst. Beißen
ging nicht, da sie mich geschickt in der Hand hatte.
Frauchen ging aber nicht auf die Couch mit mir, sondern
nach nebenan, in das Schlafzimmer. Herrchen lag noch
müde im Bett. Sie hat mich auf ihren Bauch gelegt und uns
zugedeckt. Anfangs war mir das etwas unheimlich und ich
bewegte mich nicht, aber ich fand es immer kuscheliger &
gemütlicher. Zwischendurch durfte ich auch auf der
Matratze, wo ich dann etwas „wanderte". Elfe quickte
immer wieder zwischendurch (sie wollte wissen, was ich so
treibe). Ich sagte ihr nur, dass alles okay und super sei. Sie
war etwas neidisch   . Im Bett war es schön und auch warm.
Irgendwann hatte die beiden Hunger und ich auch., Daher
sind wir raus Aus dem Bett, aber für mich ging es nicht
„nach Hause" Nein, sondern in die Küche – auch nicht
schlecht, dachte ich dann kann ich ja gleich den
Kühlschrank plündern (war aber nicht).

In der Küche setzte sie mich in eine Schale rein und diese war auf ein anderes Ding drauf; ich glaube die Gurkengeber sagen dazu Waage. Frauchen war gar nicht begeistert, da ich wohl abgenommen habe – ich habe mich halt viel bewegt. Und außerdem steckt mir das Ereignis von vor zwei Tagen noch in den Beinen. Naja.

Danach ging es aber in den Käfig zurück und es gab FRÜHSTÜCK. Ansonsten habe ich heute nur einen auf ruhig gemacht und die beiden waren auch zuhause.

Quick, quick

Mittwoch, 28.12.2011

Heute Nachmittag ist Besuch gekommen.
Es war ein Mann und eine Frau: Frauchen und sie kennen
sich wohl schon länger. Ich habe später erfahren, dass die
Frau von Frauchen eine Freundin ist und die sich schon
lange kennen.
Lina saß unten und aß wohl ganz relaxt
Jedenfalls unterhielten sich die vier darüber, wie süß sie
mittlerweile ist und das sie total ruhig ist.
Der Mann – es war wohl der Freund von der Freundin
guckte immer wieder in den Käfig. Er fand mich wohl
knuffig (so sagte er). He, he. Hauptsache die nehmen mich
nicht raus, dann bin ich weg.

Das war es.

     Quick, quick

Donnerstag, 29.12.2011

Hallo

Was sind das für merkwürdige Sachen?
Meine Gurkengeber haben so runde und eckige Sachen
gekauft. Frauchen meinte, die muss man noch auspacken
und prüfen. Was auch immer das heißt. Ich habe erfahren,
dass die Teile für Silvester sind, was ist das nun schon
wieder.
Weihnachten heißt übrigens: Ich muss da in eine Krippe rein
(habe ich herausgefunden). Ein blödes Weihnachten, Gott
sei Dank ist das erst wieder in einem Jahr.
Elfe und Lina waren kurz weg (für mich war das aber eher
lange, bekam es schon wieder mit der Angst zu tun).
Als die Haustür wieder aufging, hörte ich Elfe schon
meckern. Die sagte Dinge, die ich hier nicht schreiben will.
Es war richtig beleidigend und fluchend in Richtung
Frauchen, Herrchen & den Tierarzt (wo sie gerade war). Elfe
wurde vom Tierarzt gepickt und das brannte wohl (sie hat
die Hautkrankheit). Die stellt sich aber auch an; Lina war
ganz ruhig. Sie meinte immer nur, dass Elfe sich nicht so
anstellen soll. Elfe war nicht zu beruhigen. Das ganze ging
bestimmt eine halbe Stunde oder so. Echt nervig.
Ich bin froh, dass ich nicht gepickt wurde (ich habe das
schon hinter mir, brannte zwar auch & war unangenehm,
aber es verging auch wieder).
Ende mal hier.

Quick, quick

Freitag, 30.12.2011

Hey,
der Besuch ist immer noch da. Die sind wohl am Mittwoch
von weiter weg gekommen, denn sie redeten von Bahn
fahren und so.
Heute schauten die beiden „neuen" in den Käfig rein und
sagten wenn sie gut finden.
Frauchen sprach mit der Freundin über Linas
Hautkrankheit und wie erstaunlich gut/besser Lina aussieht
als vor ein paar Wochen.
Irgendwann hat Frauchen mich geschnappt und raus geholt
auf ein Handtuch.
Ich hatte schon Angst, besonders vor der Frau (mit
Fremden, rede und kuschle ich nicht!), da ich sie ja nicht
kannte. Die frau hatte wohl auch Angst, weil sie so komisch
guckte (oder guckt die immer so?). Jedenfalls bin ich schnell
zu Frauchen in die Haare rein, wo man sich super
verstecken kann . Dort roch es gut, keine Ahnung was
Frauchen drauf hat oder ob sie in etwas gebadet hat. Am
liebsten hätte ich die Haare an geknabbert, aber ich hatte zu
viel Angst, um überhaupt etwas zu machen.
Die beiden bleiben wohl noch länger, da sie immer noch
nicht gingen. Sie gingen heute Abend den wieder ins
Arbeitszimmer zum Schlafen.
Das war es.   Quick, quick

Sonntag, 01.01.2012

Gott sei Dank, sind Frauchen und Herrchen wieder da.
Die letzte Nacht war schrecklich, ich will das nie wieder
haben. Mitten in der Nacht, war es auf einmal hell und es
knallte von allen Seiten. Immer wenn ich dachte, es hört auf
fing es wieder an. Ich habe mich so erschrocken, dann doch
lieber Weihnachten.
Lina rief nur, dass dies jedes Jahr ist (bitte nicht) und meinte
ich sollte ruhig bleiben, es ist alles okay (wie kann sie nur so
ruhig bleiben? So alleine wie sie möchte ich im Moment
nicht wohnen. Die ist echt abgehärtet die Frau). Nichts war
okay. Ich habe mich an Elfe gekuschelt. Ich war so froh, als
es vorbei war.
Die beide kamen mit dem Besuch wieder (wann gehen die
endlich, habe ich mich gefragt?). Die beiden sahen uns und
meinten zu uns: „Frohes Neues Jahr" (Was heißt das nun
schon wieder?). Elfe meinte, dass man dies wohl so sagt,
nachdem knallen (Warum sagen die das dann nicht
dauernd? Schließlich knallte es immer wieder heute.
Später war dann der Besuch endlich weg. Frauchen meinte
dann, dass es wohl für uns auch nicht so Dolle war, da es
bei uns sehr chaotisch aussah.
Wenn die wüsste ….
   Das war es.
     Quick, quick

Mittwoch, 18.01.2012

Ich habe mich von dem Schreck Anfang Januar gut erholt. Da dies jedes Jahr dauert, habe ich ja nun ersteimal Ruhe. Allerdings wenn ich etwas knallen hören, zucke ich schon noch zusammen.

Heute habe ich mich etwas geärgert.
Wir haben doch eine Trinkflasche (die Betonung liegt auf eine). Viel zu wenig für vier Meerschweinchen. Das geht nie gut. Bei meinem Glück ist immer eine Dame, die zur gleichen Zeit trinken will, wie ich. Ich bin nun mal ein Gentleman (wie die Menschen sagen) und lasse die Damen vor. So war es auch heute.
Erst wollte Sunny, also ließ ich sie vor und dann Elfe. Daher musste ich mich anstellen. Sonst macht mir das ja nichts aus, aber ich hatte heute echt Durst (fast „Brandt"). Das war echt nervig und ärgerte mich.
Das Beste daran: Frauchen fand das lustig und hat sofort ein Foto gemacht (ist sie eine Japanerin?). Sie meinte, mit uns hat man echt viel Spaß. Schön, wenn wir zu Belustigung besteuern können. Naja.

Quick, quick

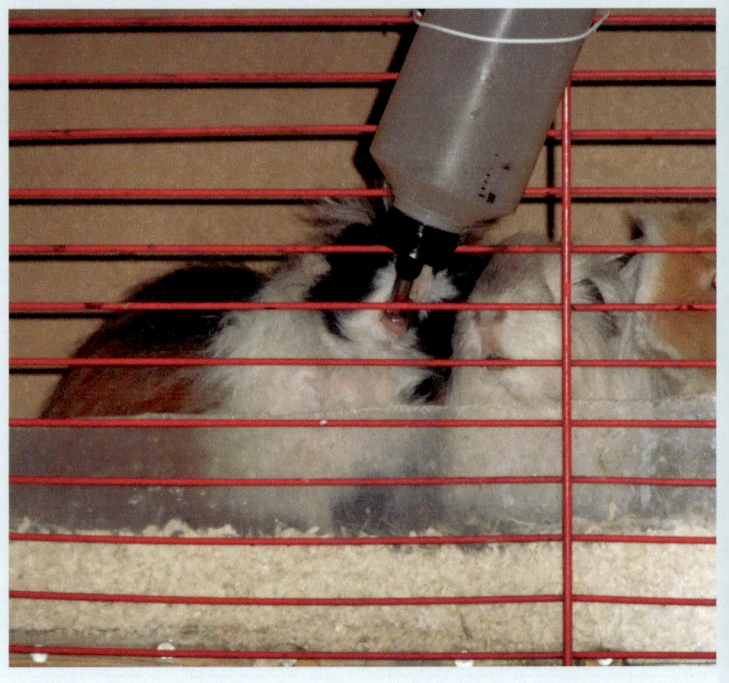

Mittwoch, 15.02.2012

Mann, wie ein Monat vergeht. Nun ist schon Februar.
Frauchen kam heute früher von der Arbeit nach Hause,
wegen Herrchen. Er hatte heute Geburtstag.
Es kam auch der dicke Mann zu Besuch. Leider gab es
nichts für uns; schade. Kurze Zeit später kam noch eine Frau
(die immer so laut/hoch redete) und ein Mann. Ich glaube
das ist die Mutter von Frauchen gewesen. Alle zusammen
haben die hier Kuchen und zu Abend gegessen. Und wir?
Wir guckten doof in der Röhre.
Frauchen hatte denen Bilder auf dem Fernseher gezeigt und
danach hat Frauchen den Mann von ihrer Mutter ein Bild
gezeigt. Er sagte, dass er das auch könne. Daraufhin fing er
an zu uns zu kommen und zu Messen. Ich war sehr verdutzt
(was er wohl vorhat?).
Frauchen sagte, dass sie gerne bald das Eigenheim hätte, mit
mehr Etagen. Was meint sie damit?
Elfe sagte mir, dass sie wohl vorhaben, etwas für uns zu
bauen, ein Haus oder so. Na, wenn das so ist, dann freue ich
mich darauf. Mal schauen, wie es aussieht. Vor allen wie
lange es wohl dauert? So ein Haus kann ja wohl nicht
schwer sein, mein ich habe zwei linke Pfoten, aber der?
Der Besuch blieb recht lange, es war schon dunkel als sie
gingen und es etwas ruhiger war.
So ich bin müde.

      Nacht

Donnerstag, 16.02.2012

Die beiden reden immer noch vom Eigenheim.
Frauchen stand nach dem Mittagessen (was bei deren
Arbeitszeit, eigentlich abends ist) bei uns am Käfig. Sie
machte dann den Käfig auf und wollte mich rausholen. Ich
war aber viel schneller und sie kriegte mich nicht (:-)). Zum
Glück.
Sie hat dann Sunny rausgeholt. Die hat sich einfach
rausnehmen lassen. Sunny war dann bei Frauchen auf dem
Bauch. Sie genoss es. Die beiden (Herrchen und Frauchen)
unterhielten sich. Ich verstand nur, ob sie es wagen sollen
(????).

Kurze Zeit später, war Sunny bei Herrchen, da Frauchen
wieder am Käfig kam. Ich dachte nur, nichts wie weg.
Sie machte aber nicht bei uns auf, sondern unten bei Lina
und holte sie raus (Lina war hoch erfreut). So ein Mist.
Lina und Sunny unterhielten sich aufgeregt, da sie sich so
lange nichtmehr unterhalten hatten. Sie durften sich sogar
zusammensetzen und kuscheln. Echt schade, ich hätte auch
gerne mit Lina zusammen sein wollen. So ein Mist. Chance
vertan :-(.

Quick, quick

Sonntag, 04.03.2012

Was für ein Tag.

Heute war wieder ein Tag, wo wir sauber gemacht wurden. Herrchen hat uns aus dem Gehege genommen und im Freigehege i gleichen Zimmer getan. Es gab aber eine Überraschung.
Diesmal war auch Lina dabei, sie war ja sonst immer extra in der Box (wegen der Hautkrankheit). Die Frau (Lina) sieht einfach super aus; sie hat wieder Haare und ihr geht auch gut.
Nachdem Herrchen fertig war, hat er uns alle wieder eingesetzt. Die Überraschung war aber, dass der Zugang zur unteren Etage offen war. Es war kein Holz dazwischen. Ich war total baff. Das habe ich sofort ausgenutzt (nicht das dies ein Versehen war) und bin nach unten gegangen. Lina war auch überrascht darüber. Ich habe sofort mit ihr gequatscht. Sie roch sooooo gut, dass ich …. (naja, du weißt schon was) auf sie war.   Daher spielte ich auch fangen; sie fand es sogar lustig.
Frauchen sah uns zu, sie fand es auch lustig. Ich sollte vielleicht Schaugeld nehmen (in Form von Essen natürlich), so oft wie sie schaute.
Das war eine schöne Überraschung und das Beste, es blieb offen!!!.
Ich finde das gut, so wie es jetzt ist. Die anderen waren auch schon oft unten und sind total aufgedreht.
Das war es.

Quick, quick

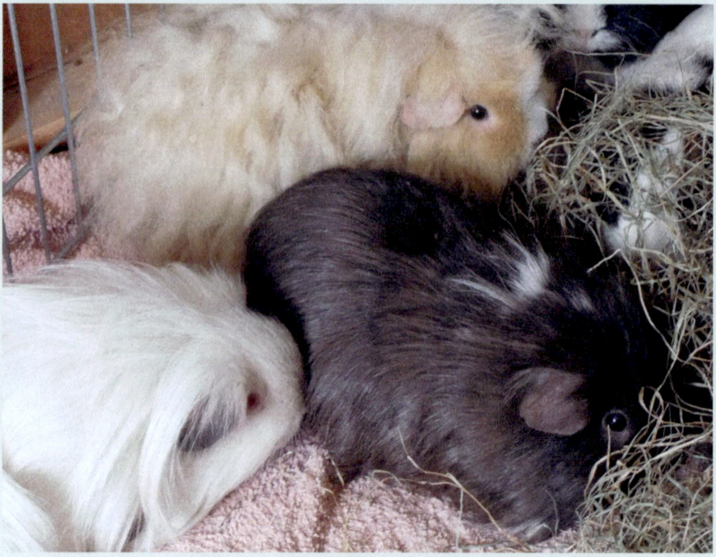

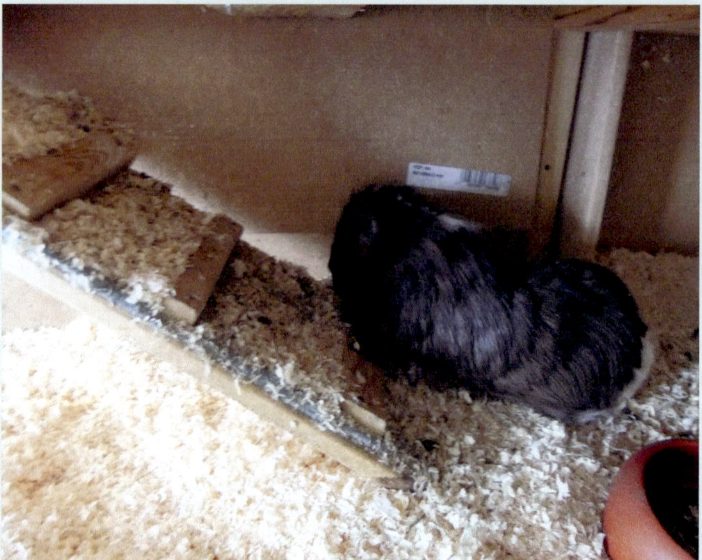

Mittwoch, 14.03.2012

Puh, was ist mir warm; dabei ist es schon fast Abend.
Frauchen und Herrchen ist es auch zu warm (sind nur am
stöhnen).
Daher waren wir auch alle heute Nachmittag auf dem
Balkon. natürlich im Außengehege. Frauchen hatte es eckig
zusammen gebaut und in der Mitte am Rand stand ein
Sonnenschirm. Es sah gemütlich aus.
Zu futtern gab es Heu und so eine komische Rolle. Ich habe
sie mal probiert, sie schmeckt nicht. Und ist ziemlich zäh.
Frauchen hat aber diese Rolle gefüllt (was ich erst danach
sah) mit Heu und kleine Gurken. Das war lustig. Sunny hat
es sofort ausprobiert und versucht die Gurke heraus zu
bekommen (Frauchen wollte uns wohl beschäftigen). Sie hat
mit der Schnauze darin, was wie eine verlängerte Schnauze
bei einer Ente aussah . Frauchen hat es auch gesehen und
lächelte nur.
Irgendwann war es aber nicht lustig.
Lina meinte wohl ihre Nase hoch tragen zu müssen, nur weil
sie nun wieder bei uns ist. Blöde Kuh. Ich habe mich mit ihr
gestritten (das Thema weiß ich nicht mehr) und wir haben
auch etwas gekämpft. Dabei hat sie mich leider gebissen, Tat
aber nicht weh. Frauchen hat darüber wütend reagiert und
geschimpft.
Die blöde Ganz braucht nicht angebrochen kommen, auch
wenn sie kurze Zeit später es versucht hat. Mir ist sie egal.
Ende nun.

Quick, quick

Sonntag, 01.04.2012

April, April.
Was ist das?
Frauchen und Herrchen haben sich unterhalten und
Frauchen meinten dann „April, April." Leider habe ich nicht
hören können, wie das zustande kam. Was hat es damit auf
sich?
Während ich noch am Grübeln war, war Frauchen in der
Küche beschäftigt. Ständig war sie am Summen und es
plätscherte das Wetter. Ich dachte, es wäre etwas zum Essen,
aber ich wurde schnell enttäuscht. Frauchen hatte immer
leere Hände, als sie kam . Schade.
Irgendwann war es ruhig und Frauchen rief: „Fertig."
Gegen Abend fragte Frauchen, ob Herrchen ein Ei mag. Als
Herrchen dies bejahe, holte sie Eier zum Essen. Doch diese
Eier sahen anders aus. Sie waren nicht mehr braun oder
weiß, sondern bunt. Also rot, blau, grün & gelb. Warum hat
sie nun bunte Eier in der Hand? Frauchen sagte dann, dass
sie viele gemacht hat. Warum ist das so?
Ich hoffe ich kann gleich schlafen, vor lauter Grübeln.

Quick, quick

Sonntag, 08.04.2013

Frohe Ostern !
Jetzt weiß ich, was es mit den bunten Eiern auf sich hat.
Diese sind für Ostern (also heute). Für Kinder werden Eier
versteckt (eben diese bunten) vom Osterhasen, auch
Schokoladensachen & manchmal auch kleine Geschenke.
Die Kinder suchen dies und haben dann ein buntes
Körbchen. Das Ganze hat noch etwas mit der Kirche oder
so zu tun. Auf jeden Fall, werden die Eier hierfür gefärbt.
Die Erwachsenen finden diese Tage auch gut, da sie dann
frei haben. Es fängt nämlich schon freitags an, mit dem
„Karfreitag", Samstag ist arbeiten (oder wie bei meinen
Gurkengeber frei), Sonntag und Montag ist dann Ostern.
Die Schulkinder haben in der Karfreitag Woche (und
meistens auch danach) Ferien. Auch nicht schlecht.
Das war es.

Quick, quick

Montag, 16.04.2012

Ich bin verwirrt.

Heute Morgen ist etwas Komisches passiert.
Unten haben Elfe und Lina fangen gespielt und rannten wie
wild in der unteren Ebene. Außerdem wollte Elfe von Lina das
Heu haben, was Lina gefunden hatte. Jedenfalls hörte ich nur
von Elfe: „Oh" und Lina die fragte: „Wo bin ich den hier?"
Kurz darauf war Frauchen wach und stand in der Tür. Sie sah
in den Käfig und dann auf dem Boden. Sie sagte: „Wie ist denn
das passiert?" und bückte sich. Als sie wieder oben war, hatte
sie Lina auf dem Arm, die am quicken war. Frauchen beruhigte
sie. Wie ist Lina auf Frauchens Arm gekommen? Lina hat
keine Tür aufgemacht. Komisch. Da muss ich gleich mal nach
unten gehen und fragen.

      Quick, quick

Da bin ich wieder.
Ich weiß, wie das passiert ist mit Lina. Sie ist durch die Stäbe
nach unten gepurzelt.
Ich frage mich, wie die Dicke dadurch kam.   He, he. Naja.
Jedenfalls geht es Lina gut. Sie hatte sich selber gewundert und
ehe sie es erkunden konnte, war sie auch schon wieder im
Käfig.
Frauchen hat nun so Seile als Schleifen dran gemacht, damit
keiner mehr dadurch rutscht. Die sehen sehr interessant aus.
Das war es.

      Quick, quick

Mittwoch, 02.05.2012

Ups, ich habe gesehen, dass ich schon lange nicht mehr geschrieben. War irgendwie nichts Spannendes. Ich ändere mich aber.

Nachdem Frauchen und Herrchen von der Arbeit kamen, haben sie Sunny mitgenommen. Frauchen sagte, dass sie wohl wieder diese Hautkrankheit hat, die auch Lina hatte (Och nö). Sunny musste zum Tierarzt und als sie wieder kam, sagte sie, dass dies so ist. Sunny hat auch wieder eine Spritze bekommen und wir alle wurden wieder gebadet. Na toll.

Heute Abend habe ich mir das Band von der Trinkflasche mal genauer angeschaut. Es ist so ein weißes und ich habe mal daran gezogen. Es ging sogar auf. Als ich es im Käfig hatte, habe ich es probiert. Es schmeckt lecker.

Leider fand Frauchen das nicht so toll und nahm es weg. Als nächstes nahm sie ein langes Band (auch in weiß) und schnitt es mehrmals durch. Sie hat dann das „kurze" Band genommen und dies dann um die Flasche geknotet.

Ich habe dann erst einmal so getan, als wenn mich dies nich interessierte. :-) Kurze Zeit später, habe ich versucht es auf zu bekommen. Nach einiger Zeit klappte es auch und Zack war es im Käfig und ich konnte es essen.

Leider sah Frauchen das auch und wurde nun etwas sauer. Sie nahm dies auch ab und schmiss es in den Müll. So ein Mist, sie hat kein neues dran gemacht. Dabei schmeckte es so gut. :-)

Das war es.
     Quick, quick

Donnerstag, 17.05.2012

Es ist total ruhig hier.
Frauchen und Herrchen sind weggefahren. Uns haben sie
nur viel Spaß gewünscht, kein Wort wohin sie weg sind.
Gingen einfach mit Koffer und Tasche.
Mittags oder so, kam der große dicke Mann. Der kommt
wohl jetzt immer, wenn die beiden weg sind. Das heißt aber
auch, sie sind lange weg :-) .
Der Mann begrüßte uns ganz freudig und gab uns Wasser.
Wir haben ihn ja einen Speiseplan geschrieben (hätte
Frauchen nicht darüber gewacht, hätten wir mehr zum
Essen drauf geschrieben :-).). allerdings hält er sich daran
nicht so, also Glück für uns., aber das gibt es erst morgen.
Er ging allerdings recht schnell wieder und so waren wir für
uns sein.

Da die beiden nicht da sind, kommen wir auch nicht auf
dem Balkon. Das Wetter ist herrlich und das wäre super
gewesen.
Also nicht los heute.

Quick, quick

Sonntag, 20.05.2012

Endlich sind die beiden wieder da.
Irgendwie ist Herrchen total sauer in die Tür gestürmt mit
den Koffern und hat auf sein Papa (der große dicke Mann)
geschimpft; irgendwas mit Auto und Batterie.
Frauchen hat uns freudig begrüßt und ich habe Ihr zum
Geburtstag nachträglich gratuliert (leider hat sie mich nicht
verstanden. Sie meinte nur, dass wir nun nichts zu fressen
bekämen). Frauchen hat dann ihr Geschenk von ihrer
Freundin ausgepackt und sich darüber gefreut (konnte nicht
sehen, was es war).
Herrchen hat wohl den Koffer ausgepackt (es hörte sich so
an).
Jetzt am Abend sind die beiden auf dem Sofa und reden von
einer Holzachterbahn und von vielen Ländern. Keine
Ahnung, wo die waren. Mal schauen, ob ich es herausfinden
kann.

Gute Nacht

Da bin ich wieder.
Die beiden sind am Schlafen.
Ich wollte schnell noch schreiben, was ich heraus
bekommen habe. Die beiden waren in einem Freizeitpark
(Europa Park) gewesen. Ich bin eben ein erfolgreicher
Detektiv, Ermittler Gino :-) .

NACHT

Montag, 21.05.2012

Ich habe eine gute Nachricht.

Frauchen hat sich Sunnys Po angeguckt. Sie sagte, dass ihre Kruste weg sein und wir wohl nicht mehr gebadet werden. Juhu.
Das Zeug stank auch so.

      Quick, quick

Donnerstag, 24.05.2012

Ich habe heute nicht wirklich Lust zu schreiben.

Es ist warm und schwül.

Ich fühle mich nicht so gut, keine Ahnung warum.
Frauchen schaute nach mir. Sie sagte, dass es mir wohl zu
warm ist und hat mir etwas Wasser auf die Haare getan. Da
tat gut.
Dadurch geht es mir immer noch nicht besser, keine
Ahnung was es ist. Bin so ohne Lust.
Elfe kam auch zu mir gegen Abend und kuschelte mit mir.
Die ist total lieb zu mir, tat auch gut.
Ich ende nun.

Quick, quick

Freitag, 25.05.2012

Hallo,
heute schreibe ich mal – Elfe.

Gino kann leider nicht mehr schreiben, er ist heute Abend
gestorben.
Frauchen ist sehr traurig. Sie hat am Abend geschrieben
(keine Ahnung, was die ständig schreibt) und wohl geahnt,
dass etwas mit Gino ist – morgen wollten sie eigentlich mit
ihm zum Tierarzt (Naja, das hat sich nun erledigt).

Ich hoffe es geht Gino nun besser.

Nachdem Frauchen Gino aus dem Käfig nahm, hat sie auch
mich rausgenommen. Wir haben beide gekuschelt und es
ging ihr danach etwas besser.

Ich habe ja Gino, leider ja nur kurz gekannt – ich glaube es
waren ein paar Monate, aber er war ein super Kerl.

Herrchen sprach schon von einem neuen Meerschweinchen,
aber wenn zwei neue. Die beiden unterhielten sich, dass es
wohl mal vor unserer Zeit (Sunny und mir) sechs waren.
Mal schauen, was daraus wird.

Irgendwie bekomme ich Lust am Schreiben. Vielleicht schreibe ich einfach weiter? Gino hätte bestimmt nichts dagegen. Mal schauen.
Ich wünsche Dir, Gino (falls Du das lesen kann) alles Gute. Irgendwann sehen wir uns wieder.

Quicki, Elfe

Macht's Gut Gino

Nachtrag Elfe

30.06.2012

Ich habe mich entschieden, doch nicht zu schreiben. Dazu habe ich einfach keine Lust.

Ich wollte nur kurz berichten, dass die zwei neuen Meerschweinchen auch nun bei uns eingelebt haben. Es ist ein Männchen, Diego. Er hat lange Haare in schwarz-weiß & leicht braun. Diego ist noch ein bisschen grün hinter den Ohren. Er ist erst ½ Jahr alt. Die andere heißt Pia und ist ein Glatthaar. Sie sieht Melody verdammt ähnlich, nur dass sie weiß-schwarz ist (Melody hat noch etwas braun am Kopf) und ein Jahr ist (Melody ist ja schon älter). Durch Pia ist Melody auch viel aktiver, als sonst.

Was das Eigenheim angeht, ist noch nichts passiert. Haben die beiden wohl wieder vergessen oder es kommt später. Naja, ich werde es ja sehen.

So ich höre auf.

Mache es gut.

Elfe